저자: 하재웅

전공만 다섯 개에 업무로 발 딛은 나라가 스물한 곳. 그런데 정작 본인은 10년째 박사과정을 전전하는 영원한 학생이다. 국제개발협력에서 시작해 지금은 기술융합 경영학까지, 전공 바꾸기만큼은 타의 추종을 불허한다.

활동가로 시작해 창업가를 거쳐 컨설턴트가 되더니, 이제는 AI 프롬프트 연구에 빠져있다. 페루 도시계획 현장에서 말레이시아 스마트시티 프로젝트까지 누비며 '융합'이라는 이름으로 이것저것 엮어왔다.

어느 날 문득 깨달았다. 내 인생 자체가 하나의 복잡한 프롬프트였다는 것을. 여러 전공과 경험을 조합해 예측 불가능한 결과물을 만들어내는 인간형 AI 같은 존재가 되어버렸다.

'레버리지 연구소'를 운영하며 마케팅용 AI 프롬프트를 연구하고 있다. 사람들이 자신만의 마케팅 언어를 찾아 새로운 가능성을 여는 일이 요즘 가장 큰 관심사다.

**이 책을 펼친 당신과,
내 문장과,
당신의 마케팅이 만나
새로운 가능성의 포털이 열리길 바라며.**

AI 프롬프트 예제:
마케팅 활용편

Deep
Insight

AI 프롬프트 예제: 마케팅 활용편

발행일 | 2025년 05월 01일
글쓴이 | 하재웅
디자인 | 김예진(충남디자인씽킹연구소&디자인스튜디오 영원)
펴낸이 | 윤준식
펴낸곳 | 도서출판 딥인사이트
출판신고 | 제2021-59호
주　소 | 서울특별시 성동구 아차산로 113 삼진빌딩 8125호
전　화 | 010-4077-7286
이메일 | news@sisa-n.com

ISBN | 979-11-982914-5-5 (12560)

본 책은 저작자의 지적 재산으로서 무단 전재와 복제를 금합니다.

CONTENT

서문_AI, 마케팅의 새로운 레버리지...8

1장_AI로 마케팅하라...12

    AI가 팀장이 되면 달라지는 것
    AI에게 맡길 수 있는 주요 업무
    마케터가 해야 할 진짜 일
    AI 팀장 임명 선언

2장_AI로 마케팅 전략을 수립하라..18

    시장 트렌드 예측: AI와 함께 미래를 읽어라
    고객 세그먼트 정의하기
    경쟁사 분석 자동화하기
    신사업 아이디어 검토하기

3장_콘텐츠 제작, AI와 함께 하라..28

    블로그, SNS, 뉴스레터를 자동화하는 법
    카피라이팅, 이미지, 영상 생성 실전
    콘텐츠 품질을 높이는 AI 활용법

4장_고객데이터로 마케팅을 설계하라......................................36

  CRM 데이터 분석으로 VIP 고객 찾기
  이탈 위험 고객 예측하기
  고객 세분화 후 리텐션 전략 세우기

5장_AI를 활용한 광고 자동화..44

  키워드 분석과 광고 문구 작성
  소규모 예산으로 광고 테스트하기
  AI 기반 광고 최적화 루틴 만들기

6장_쇼츠·릴스 시대, AI로 숏폼을 장악하라.........................52

  쇼츠 스크립트와 컷 구성, AI로 빠르게 만들기
  썸네일 이미지와 해시태그, AI로 최적화
  쇼츠용 배경음악과 AI 음성까지 완성

7장_나만의 AI 비서 세팅하기...60

  맞춤 설정(Custom Instructions) 활용하기
  메모리 기능 관리하기
  내 업무를 AI에게 학습시키는 방법

8장_AI와 함께하는 경력설계........................68

    포트폴리오를 AI로 강화하기
    자기소개서, 이력서, 면접 준비도 AI와 함께
    학습 로드맵도 AI에게 맡겨라

9장_AI를 모르면 뒤처지는 시대........................76

    마케터의 미래 경쟁력은 무엇인가
    실전 경험과 빠른 실행이 답이다
    나만의 AI 사용법을 구축하라

「레버리지 연구소」 소개........................84

서문:
AI, 마케팅의 새로운 레버리지

우리는 지금 거대한 변곡점 위에 서 있다. AI는 더 이상 먼 미래의 기술이 아니다. 특히 마케팅 분야에서 AI는 이미 '게임의 규칙'을 바꿔버렸다. 과거에는 감과 경험이 전부였다. 하지만 지금은 다르다. 감만으로는 고객을 붙잡을 수 없고, 경험만으로는 변화를 따라잡을 수 없다.

AI를 활용하는 사람과 그렇지 못한 사람, AI와 함께 일하는 기업과 그렇지 못한 기업의 격차는 생존을 가를 정도로 커지고 있다. 필자는 여러 기업, 대학, 공공기관 강의를 통해 확신했다.

AI는 지금 이 순간, 우리 실무를 가장 빠르게 혁신시킬 수 있는 유일한 레버리지다.

AI를 제대로 활용하는 사람은 하루만에 일주일 분량의 일을 해낸다. 단순히 빠른 게 아니다. 더 정교하고, 더 전략적이며, 더 인간적인 성과를 만들어낸다. AI는 무조건 빠른 것이 아니라, 똑똑하게 빠른 존재다.

이 책은 단순히 AI의 기능을 나열하지 않는다. '중소기업 마케팅 실무자'인 당신이 AI라는 파도를 타고 더 멀리 나아갈 수 있도록, 현장에서 바로 써먹을 수 있는 방법과 프롬프트 템플릿을 함께 담았다. 특히 중소기업은 자원도, 인력도 한정되어 있다. 하지만 바로 그런 곳에서야말로 AI는 가장 강력한 동료가 되어줄 수 있다.

① 고객 행동 데이터 분석
② 광고 문구 작성, 블로그
③ SNS 콘텐츠 자동화
④ 경쟁사 분석 및 신사업 전략 수립

이 모든 것을 당신 혼자서, AI와 함께 해낼 수 있는 시대가 열렸다.

물론 처음에는 AI를 다루는 것이 어색할 수 있다. 하지만 걱정할 필요 없다. 처음은 누구에게나

서툴다. 중요한 것은 속도가 아니라 방향이다. 지금 당신이 AI를 배우기로 결심했다는 것, 그것이 이미 절반은 이긴 것이다.

이 책을 통해, 나는 당신에게 말하고 싶다.
"혼자 걷지 말라."

AI와 함께라면, 당신은 더 강해질 수 있다. 이제, 망설임을 내려놓자. AI 레버리지를 당신의 무기로 만들어라.

1장.
AI로 마케팅하라

AI를 단순한 비서로 쓸 것인가, 아니면 팀장으로 임명할 것인가. 이 결정이 당신의 마케팅 성과를 가른다.

과거에는 '감'과 '경험'이 마케팅의 전부였다. 그러나 AI 시대는 다르다. 데이터를 읽고, 전략을 짜고, 실행까지 설계하는 AI와 협업할 수 있다. 이제 AI를 마케팅 팀장으로 임명할 시간이다.

AI가 팀장이 되면 달라지는 것

AI를 팀장으로 임명하면, 일의 방식이 완전히 달라진다.

① 매일 고객데이터를 분석해 인사이트를 제공한다.
② 경쟁사 변화를 실시간으로 감지한다.
③ 블로그, SNS 콘텐츠 초안을 10분만에 작성한다.
④ 신제품 아이디어를 5개, 10개씩 제안한다.

AI는 야근도 없고, 불평도 없으며, 늘 빠르고 정확하다. 당신은 더 이상 모든 일을 직접 손으로 할 필요가 없다. 방향을 잡고, 결정하는 역할에 집중해야 한다.

AI에게 맡길 수 있는 주요 업무
AI가 맡을 수 있는 일은 생각보다 많다.

업무영역	AI 활용 예시
콘텐츠 제작	블로그, SNS, 뉴스레터 초안 작성
시장조사	키워드 트렌드 분석, 경쟁사 리뷰 분석
광고운영	타겟 키워드 추천, 광고 문구 제작
고객관리	VIP 고객 분석, 이탈 위험 예측
전략기획	신사업 아이디어, 사업모델 검토

핵심은, '무엇을 맡기고, 무엇을 직접 할지'를 명확히 구분하는 것에 있다.

마케터가 해야 할 진짜 일

AI가 팀장 역할을 하게 되면, 당신은 디렉터(Director)가 되어야 한다. 타겟팅 방향을 정하고, 메시지를 설계하고, AI가 만든 결과를 점검하고 수정한다. 판단은 인간의 몫이다. 디렉팅은 사람만이 할 수 있는 고유한 능력이다.

AI 팀장 임명 선언

이제, 공식적으로 선언하자.

"나는 마케팅 부서의 팀장으로 AI를 임명한다."

그리고 바로 다음 장과 같이 지시를 내려보자.

활용 프롬프트 예시

상황(맥락)

친환경 텀블러 신제품 런칭 준비 중.
타겟은 20~30대 여성.

목표

시장 트렌드 파악 및
마케팅 캠페인 아이디어 수집

요청

1. 최근 6개월 '텀블러' 키워드 트렌드 10개 분석
2. 친환경 라이프스타일 소비자 관심사 5개 정리
3. 인스타그램용 캠페인 아이디어 5개 제안

"AI에게 명확한 지시를 내리는 순간,
당신의 마케팅팀은
강력한 추진력을 얻게 된다."

마무리

혼자 고군분투하는 시대는 끝났다. 이제는 AI와 함께 전략적으로 일하는 시대다. AI를 팀장으로 임명한 사람은 1년 뒤, 3년 뒤, 놀라운 성장 곡선을 그리게 될 것이다.

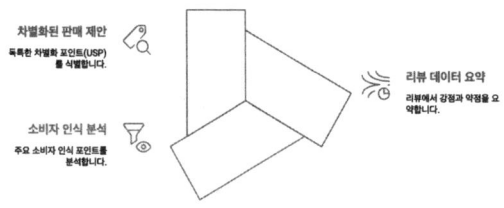

2장.
AI로 마케팅 전략을 수립하라

전략 없는 실행은 무모하고, 데이터 없는 전략은 위험하다.

과거에는 시장을 '감'으로 읽었다. 그러나 지금은 다르다. 시장 변화는 하루가 다르게 요동친다. AI 없이 전략을 짠다는 것은, 나침반 없이 망망대해를 항해하는 것과 같다.

시장 트렌드 예측: AI와 함께 미래를 읽어라

마케팅 전략의 출발점은 시장을 읽는 것이다. AI는 다음과 같은 역할을 수행할 수 있다.

① 최근 검색 키워드 트렌드 분석,
② 소셜 미디어 감정 분석,
③ 산업 리포트 요약 및 주요 인사이트 도출

활용 프롬프트 예시

상황(맥락)
20대 여성 타겟 친환경 화장품 브랜드 런칭 준비 중

목표
친환경 뷰티 관련 최신 트렌드 분석

요청
1. 최근 6개월 이내 친환경 화장품 트렌드 키워드 10개 도출
2. 소비자 관심사 TOP 5 정리
3. 주목해야 할 마이크로 트렌드 3개 제안

"AI는 방대한 데이터 속에서
신호를 읽어내는 촉이 된다"

고객 세그먼트 정의하기

"누구에게 팔 것인가"를 정의하는 것은 전략의 핵심이다. AI는 고객을 다음 기준으로 세분화할 수 있다.

① 연령, 직업, 관심사 기반 세그먼트 생성
② 구매 동기, 행동 패턴 분석
③ 고객 페르소나(Persona) 제안

활용 프롬프트 예시

상황(맥락)
1인 가구용 간편식 브랜드 론칭 준비

목표
타겟 고객 정의 및 페르소나 설정

요청
1. 20~30대 1인 가구 소비자 페르소나 3개 생성
2. 직업군, 라이프스타일, 주요 소비 패턴 제시
3. 각 페르소나별 추천 마케팅 메시지 제안

"고객을 구체적으로 그려낼수록,
전략은 강해진다."

경쟁사 분석 자동화하기

경쟁사를 감으로 짐작하는 시대는 끝났다. AI는 다음과 같은 방식으로 경쟁사를 분석한다.

① 리뷰 데이터 기반 장점/약점 요약
② 소비자 인식 포인트 분석
③ 차별화 포인트(USP) 도출

활용 프롬프트 예시

상황(맥락)
서울 강남 프리미엄 헬스장 런칭 예정

목표
주요 경쟁사 강점/약점 분석

요청
1. 강남구 헬스장 3곳 소비자 리뷰 분석
2. 장점 3개, 약점 3개 요약
3. 우리 브랜드의 차별화 전략 2개 제안

"경쟁사를 '감'이 아니라 '데이터'로 이긴다."

신사업 아이디어 검토하기

AI는 신사업 검토에서도 탁월한 보좌관이 된다.

①상권 데이터 분석 및 상권 적합성 평가
②시장 수요 예측
③위험 요소 및 리스크 대응 방안 제시

활용 프롬프트 예시

상황(맥락)
1인 가구 대상 프리미엄 반찬 배달 서비스 기획 중

목표
사업 모델 타당성 검토

요청
1. 사업 모델 캔버스 요약 작성
2. 강남구 상권 특성 분석
3. 예상되는 창업 리스크 3가지 제안

"아이디어는 많다.
중요한 것은 현실화할 수 있느냐."

마무리

'감' 대신 '데이터'로 전략을 짜는 사람, '추측' 대신 '패턴'을 읽어내는 사람이 AI 시대의 마케팅을 지배한다.

AI와 함께 전략을 세우는 순간, 당신은 이미 다른 차원의 마케터가 되어 있을 것이다.

3장.
콘텐츠 제작, AI와 함께 하라

콘텐츠는 여전히 왕이다. 이제 그 왕을 보좌하는 최강의 조력자는 AI다.

마케팅은 결국 콘텐츠 싸움이다. 고객은 더 이상 긴 설명을 기다려주지 않는다. 짧고 강렬하며, 감각적인 콘텐츠를 빠르게 만들어내는 팀이 승리한다. 이제, AI를 콘텐츠 제작의 핵심 파트너로 삼아야 한다.

블로그, SNS, 뉴스레터를 자동화하는 법
콘텐츠 생산은 이제 '노가다'가 아니다. AI를 활용해, 짧은 시간에 더 많은 결과를 뽑아낼 수 있다.

① 블로그용 SEO 최적화 글 작성,
② SNS 포스팅 문구와 해시태그 추천,
③ 고객 대상 뉴스레터 제목 및 본문 초안 생성

활용 프롬프트 예시

상황(맥락)
친환경 식기 브랜드 '그린테이블'
SNS 캠페인 준비 중

목표
SNS 콘텐츠 및 블로그 글 제작

요청
1. 친환경 라이프스타일 주제 블로그 글 (1000자 내외) 작성
2. 인스타그램용 해시태그 포함 문구 3개 생성
3. 구독자 대상 뉴스레터 제목 3개 추천

"AI를 활용하면 하루 1시간 투자로
일주일치 콘텐츠를 예약 발행할 수 있다."

카피라이팅, 이미지, 영상 생성 실전

콘텐츠는 단순 글쓰기만이 아니다. 감성까지 잡아야 한다.

① 광고 문구(카피) 생성
② 썸네일용 이미지 제작(Midjourney 등 활용)
③ 쇼츠/릴스용 영상 스크립트 작성

활용 프롬프트 예시

상황(맥락)
신제품 '스마트 텀블러' 숏폼 홍보 영상 기획

목표
30초 이내 쇼츠용 콘텐츠 제작

요청
1. 영상 시나리오 초안 작성
2. 썸네일 문구 5개 제안
3. 감성 해시태그 10개 추천

"짧고, 강렬하고, 감성적인 콘텐츠를
AI와 함께 빠르게 만든다."

콘텐츠 품질을 높이는 AI 활용법

초안은 AI가 만든다. 하지만 완성도는 사람이 다듬는다.

① 톤과 스타일을 지정해 자연스러운 결과물 얻기
② 성공한 콘텐츠 포맷을 AI에게 학습시키기
③ AI 결과물 리뷰 후 감성 터치 추가

활용 프롬프트 예시

상황(맥락)
20대 여성 타겟, 톤은 밝고 발랄하게

목표
친환경 라이프스타일 홍보용 SNS 포스팅 작성

요청
1. 웃음과 공감을 유발하는
   짧은 포스팅 문구 3개 생성.
2. 관련 해시태그 5개 추천

"AI는 '초안제작자'다.

최종 감성과 스토리는 사람이 입힌다."

마무리

콘텐츠를 많이 만드는 사람이 아니라, 콘텐츠를 '빠르게', '정확하게' 만드는 사람이 이긴다.

AI는 당신에게 '콘텐츠 제작 공장'이 되어줄 것이다. 이제 혼자 고군분투하지 말고, AI와 함께 '1인 콘텐츠 팀'이 되라.

4장.
고객데이터로 마케팅을 설계하라

고객을 모르면, 무엇을 해도 헛수고다.

   감으로만 고객을 짐작하는 시대는 끝났다. 이제는 고객 데이터를 읽고, 숫자와 패턴을 기반으로 전략을 세우는 마케터만이 살아남는다. AI는 이 고객 데이터 분석을 빠르고 정확하게 지원한다.

CRM 데이터 분석으로 VIP 고객 찾기

모든 고객이 똑같이 소중한 것은 아니다. 당신의 매출을 책임지는 핵심 고객 (VIP)을 먼저 알아봐야 한다.

  ① 구매 금액과 빈도 기준으로 VIP 선별,
  ② 상위 10~20% 핵심 고객 그룹 정의,
  ③ VIP 고객 특성(연령대, 지역, 소비 패턴) 요약

활용 프롬프트 예시

상황(맥락)
지난 6개월 온라인몰 주문 데이터 제공
(고객명, 구매 금액, 구매 횟수 포함)

목표
VIP 고객 선별 및 특성 분석

요청
1. 상위 10% VIP 고객 리스트 추출
2. VIP 고객 주요 특성 5개 요약

"VIP 고객을 정확히 정의하면,
마케팅 자원을 가장 효율적으로 쓸 수 있다."

이탈 위험 고객 예측하기

고객은 조용히 이탈한다. 떠나고 나서 후회하지 말고, 떠나기 전에 붙잡아야 한다.

① 최근 구매 감소 고객 추출,
② 부정 리뷰 작성 고객 식별,
③ 이탈 위험 점수(Scoring) 계산

활용 프롬프트 예시

상황(맥락)
최근 3개월 구매 기록 및 리뷰 데이터 제공

목표
이탈 위험 고객 조기 발견

요청
1. 최근 3개월 구매 감소 고객 리스트업
2. 부정 리뷰 작성 고객 추출
3. 이탈 위험도 상위 10명 리포트

"이탈 조짐을 미리 포착해,
선제 대응하는 것이 실력이다."

고객 세분화 후 리텐션 전략 세우기

모든 고객에게 똑같은 메시지를 보내는 것은 낭비다. 고객 세그먼트별 맞춤 전략이 필요하다.

① VIP 고객, 이탈 위험군, 신규 고객별 세분화
② 세그먼트 특성별 맞춤 메시지 설계
③ 리워드, 쿠폰, 이벤트 전략 제안

활용 프롬프트 예시

상황(맥락)
고객 세그먼트(VIP, 이탈군, 신규 고객) 구분 완료

목표
세그먼트별 리텐션 전략 수립

요청
1. VIP 대상 리워드 캠페인 아이디어 3개
2. 이탈 위험 고객 대상 쿠폰 제안 문구 3개
3. 신규 고객 리텐션 이벤트 2개 제안

"고객의 상태에 따라 다른 방식으로 소통해야 진짜 리텐션이 가능하다."

마무리

고객 데이터는 읽는 것이 아니라, 해석하는 것이다.

AI는 데이터 분석을 돕는다. 그러나 최종 결론은 당신이 내려야 한다. 데이터에 근거한 결정을 내리는 마케터, 그들이 AI 시대의 진짜 승자다.

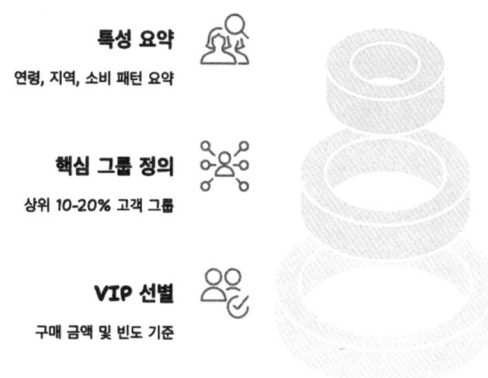

5장.
AI를 활용한 광고 자동화

광고비를 태우는 것이 아니라, 데이터로 광고를 설계하는 시대다.

과거에는 광고를 '찍어내고' '돈으로 밀어붙이는' 방식이 통했다. 하지만 이제는 다르다. AI를 활용해 타겟팅하고, 문구를 최적화하고, 결과를 분석하는 스마트한 광고 운영이 필요하다.

키워드 분석과 광고 문구 작성

광고의 성패는 "어떤 말로, 누구를 겨냥하느냐"에 달려있다. AI는 이 과정을 빠르고 똑똑하게 지원한다.

① 제품에 적합한 검색 키워드 추천
② 타겟별 광고 문구(A/B 테스트용) 작성
③ 클릭 유도(Call-to-Action) 문구 제안

활용 프롬프트 예시

상황(맥락)
수제 디저트 브랜드 '스윗데이'
신제품 마카롱 세트 광고 기획

목표
SNS 광고용 키워드 및 문구 최적화

요청
1. 마카롱 관련 인기 키워드 10개 추천
2. 20~30대 여성 타겟 광고 문구 5개 작성
3. 클릭 유도 문구(CTA) 3개 제안

"광고는 '감'이 아니라
'데이터'로 설계해야 성공한다"

소규모 예산으로 광고 테스트하기

이제는 소액 예산으로도 효율적인 광고 운영이 가능하다. "작게 시작하고, 크게 키운다"가 기본 전략이다.

① 소액 광고 예산으로 A/B 테스트 실행
② 문구별 CTR(클릭률) 비교 분석
③ 가장 효율 좋은 조합으로 최적화

활용 프롬프트 예시

상황(맥락)
주말 동안 5만원 예산으로
인스타그램 광고 테스트 예정

목표
문구별 클릭률(CTR) 테스트 및 분석

요청
1. 서로 다른 스타일의 광고 문구 3개 작성
2. 예상 CTR 높은 문구 우선 추천
3. 테스트 결과 분석 기준 제안

"AI를 활용하면 5만원으로도
수백만원 효과를 낼 수 있다."

AI 기반 광고 최적화 루틴 만들기

광고는 한 번 설정하고 끝나는 게 아니다. 끊임없이 테스트하고, 수정하고, 최적화해야 한다.

① 광고 성과 실시간 모니터링
② 비효율 키워드/문구 자동 교체
③ 클릭·전환 데이터 기반 개선 제안

활용 프롬프트 예시

상황(맥락)
1주일간 인스타그램 광고 캠페인 성과 데이터 확보

목표
광고 문구 및 타겟팅 최적화

요청
1. CTR·전환율 기준 상위 문구 2개 추천
2. 성과 낮은 문구 수정 제안
3. 다음 테스트 캠페인 전략 추천

"빠른 피드백 루프를 돌리는 것,
그것이 AI 시대 광고 운영의 핵심이다."

마무리

많이 쏘는 광고는 잊혀진다. 정확히 겨냥한 광고만 살아남는다.

AI와 함께라면, 당신은 돈을 태우는 대신, 돈을 '복사하는' 광고 시스템을 구축할 수 있다.

제품 마케팅을 위한 최적의 전략은 무엇인가?

광고 문구 작성
다양한 타겟 그룹에 맞게 광고를 맞춤화합니다.

클릭 유도 문구 제안
사용자 참여와 전환을 유도합니다.

키워드 추천
제품 가시성을 높이고 검색 결과를 개선합니다.

6장.
쇼츠·릴스 시대,
AI로 숏폼을 장악하라

1분 안에 매력을 못 보여주면, 당신은 선택되지 않는다.

지금은 숏폼 영상의 시대다. 쇼츠(Shorts), 릴스(Reels), 틱톡(TikTok) 같은 플랫폼이 브랜드 인지도와 구매 전환을 결정짓는 핵심 무대가 되었다. 이제, AI를 활용해 짧지만 강렬한 숏폼 콘텐츠를 쏟아내야 한다.

쇼츠 스크립트와 컷 구성, AI로 빠르게 만들기
숏폼 영상은 "짧지만 완성도 높은 스토리텔링"이 핵심이다. AI는 짧은 시간 안에 수십 개의 아이디어를 제안해줄 수 있다.

① 15~30초 영상 시나리오 작성,
② 초 단위 컷 분할 구성,
③ 인트로-본문-아웃트로 흐름 설계

활용 프롬프트 예시

상황(맥락)
비건 디저트 브랜드 '플랜비'
인스타 릴스용 30초 영상 기획

목표
쇼츠용 시나리오 및 컷 구성 작성

요청
1. 30초짜리 스토리라인 작성
   (인트로-본문-아웃트로)
2. 초 단위 컷 분할안 제시
3. 감성 키워드 5개 추천

"AI를 활용하면
하루에도 10편, 20편의
숏폼 기획이 가능하다."

썸네일 이미지와 해시태그, AI로 최적화

숏폼은 '클릭'을 끌어내야 산다. 첫 3초를 책임지는 것은 썸네일과 해시태그다.

①감성 자극 썸네일 문구 추천
②AI 이미지 생성 툴로 썸네일 비주얼 제작
③타겟별 최적화 해시태그 세트 제안

활용 프롬프트 예시

상황(맥락)
반려동물 수제 간식 브랜드 숏폼 영상 캠페인

목표
썸네일 문구 및 해시태그 최적화

요청
1. 강아지 간식 관련 감성 썸네일 문구 5개 추천
2. 20~30대 여성 타겟 해시태그 10개 제안

"좋은 썸네일과 해시태그는
영상 조회수를 3배 이상 끌어올린다."

쇼츠용 배경음악과 AI 음성까지 완성

요즘 숏폼은 '영상 30%, 음악 70%'라고 해도 과언이 아니다.

　① AI 작곡 툴(Suno 등)로 배경음악 제작
　② AI 음성 합성으로 나레이션 삽입
　③ 캡컷(CapCut) 등 툴로 최종 편집

활용 프롬프트 예시

상황(맥락)
친환경 텀블러 브랜드 홍보용 숏폼 제작

목표
배경음악 및 나레이션 콘텐츠 확보

요청
1. 밝고 경쾌한 30초용 배경음악 추천
2. 친환경 라이프 강조하는 짧은 나레이션 문구 작성

"AI를 활용하면
'1인 숏폼 프로덕션'을 운영할 수 있다."

마무리

길게 말하는 사람은 잊힌다. 짧게, 강렬하게 보여주는 사람이 기억된다.

AI와 함께라면, 콘텐츠 제작 속도도, 완성도도 압도적으로 끌어올릴 수 있다. 지금이 바로, 당신의 브랜드를 쇼츠 세상에 띄울 때다.

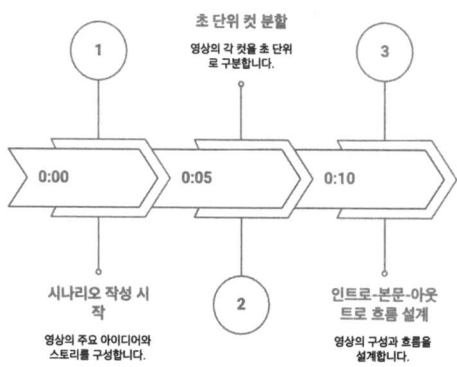

7장.
나만의 AI 비서 세팅하기

AI는 똑같이 주어지지만, 제대로 세팅한 사람만 레버리지를 극대화한다.

AI는 누구나 사용할 수 있다. 그러나 '나에게 최적화된 AI 비서'를 만들어낸 사람만이 속도, 효율, 완성도 모두 압도할 수 있다. 이제, AI를 단순한 도구가 아닌 '나만의 팀장'으로 키우는 방법을 배우자.

맞춤 설정(Custom Instructions) 활용하기
AI는 무조건 똑같이 반응하지 않는다. '내가 누구인지, 무엇을 원하는지' 정확히 알려줘야 AI가 내 스타일에 맞춰 일할 수 있다.

① 내 직무와 주요 업무 설명하기
② 주 고객층, 브랜드 컨셉 명확히 알려주기
③ 원하는 답변 스타일(톤, 포맷) 지정하기

활용 프롬프트 예시

맞춤 설정 예시

1. 나는:
   중소기업 마케팅 실무자다.

2. 내 주요 업무:
   콘텐츠 기획, 광고 캠페인 운영, SNS 관리.

3. 주요 타겟:
   20~40대 여성 고객.

4. 요청 스타일:
   명료하고 실용적이며, 실전 중심으로 답변할 것.

"AI 세팅을 잘 해주면,
당신만을 위한 강력한 조력자가 된다."

메모리 기능 관리하기

AI는 대화 중 얻은 정보들을 기억한다. 하지만 시간이 지나면 불필요하거나 오래된 정보가 쌓여 정확도가 떨어질 수 있다. 따라서 주기적으로 메모리를 점검하고, 필요 없는 내용들은 직접 확인하고 삭제하는 습관이 필요하다.

①끝난 프로젝트 정보 삭제 요청하기
②중복되거나 혼란을 줄 수 있는 설정 정리하기
③현재 진행 중인 주요 업무 기준으로 최신화하기

활용 프롬프트 예시

요청
지금 저장된 메모리 중에서 오래된 프로젝트 정보를 삭제해줘.

현재 내 주요 프로젝트 기준으로 메모리를 정리해줘.

"깔끔하게 관리된 메모리야말로
AI가 최고의 퍼포먼스를 내는 기반이다."

내 업무를 AI에게 학습시키는 방법

AI는 스스로 성장하지 않는다. 내가 자료를 주고, 방향을 잡아줄 때 비로소 제대로 '내 사람'이 된다.

① 과거 캠페인, 프로젝트 자료 업로드
② 선호하는 문체, 포맷, 업무 흐름 공유
③ 업무 진행 기준(예: 브랜딩 톤, 우선순위 등)을 명확히 설정

활용 프롬프트 예시

상황(맥락)
친환경 브랜드 캠페인 운영 경험이 있다.

목표
과거 캠페인 스타일을 학습시켜,
유사한 톤과 흐름으로 결과물을 얻기

요청
1. 첨부한 기존 캠페인 포맷에 맞춰
   새로운 캠페인 초안 작성
2. 문체와 스타일은 첨부 자료 기준으로 유지

"AI는 학습시킨 만큼 나를 닮아간다.
자료를 주고, 기준을 세워주고,
끊임없이 다듬어야 한다."

마무리

누구에게나 AI는 열려있다. 하지만 제대로 세팅한 사람만, 진짜 레버리지를 얻는다.

지금 이 순간부터 당신만의 AI 비서를 키워라. 정확히 관리하고, 올바르게 학습시키고, 나의 팀장으로 성장시켜라. 그것이 AI 레버리지 시대를 리드하는 첫걸음이다.

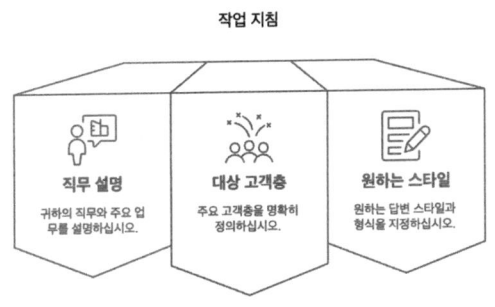

8장.
AI와 함께하는 경력설계

AI는 도구가 아니라, 당신의 커리어를 가속하는 터보 엔진이다.

단순히 일을 잘하는 것만으로는 부족하다. AI를 활용해 포트폴리오를 강화하고, 경력을 설계하고, 기회를 스스로 만들어내는 마케터가 되어야 한다.

포트폴리오를 AI로 강화하기

경력의 가치는 말로 설명하는 것이 아니라, 성과를 증명하는 것이다. AI는 당신의 프로젝트와 캠페인 결과를 더 매력적으로 정리하는 데 강력한 도구가 된다.

① 프로젝트/캠페인 결과물 요약 정리
② 성과 수치 시각화(표, 다이어그램)
③ 포트폴리오용 스토리텔링 개선

활용 프롬프트 예시

상황(맥락)
친환경 브랜드 런칭 캠페인 결과 포트폴리오용 정리 필요

목표
성과 중심 포트폴리오 제작

요청
1. 캠페인 목표-과정-성과를 요약 정리
2. 주요 성과 수치를 표로 시각화
3. 성공 요인 3가지 스토리텔링 방식으로 정리

"성과를 명확히 보여주는 포트폴리오,
그것이 기회를 불러온다."

자기소개서, 이력서, 면접 준비도 AI와 함께

취업, 이직 준비 역시 혼자 끙끙거릴 필요가 없다. AI를 코치처럼 활용하라.

　①이력서 초안 작성 및 첨삭
　②지원 직무별 맞춤형 자기소개서 생성
　③예상 면접 질문 리스트업 및 답변 코칭

활용 프롬프트 예시

상황(맥락)
디지털 마케팅 AE 포지션 지원 예정

목표
이력서·자기소개서 완성 및 면접 대비

요청
1. 디지털 마케팅 AE에 적합한 이력서 초안 작성
2. 지원 동기와 성장 경험을 담은 자기소개서 문단 생성
3. 예상 면접 질문 5개 및 모범 답변 작성

"AI는 좋은 초안을 빠르게 뽑아주고,
당신은 그 위에
'나만의 이야기'를 얹으면 된다."

학습 로드맵도 AI에게 맡겨라

막연히 공부하는 시대는 끝났다. 목표를 세우고, 계획을 짜고, 속도를 높여야 한다. AI는 다음과 같은 방식으로 당신의 성장 경로를 설계해줄 수 있다.

① 목표 직무 기준 필수 역량 리스트업
② 추천 학습 과정 및 커리큘럼 제안
③ 주간/월간 실행 계획표 작성

활용 프롬프트 예시

상황(맥락)
디지털 마케팅 전문가로 6개월 내 성장 목표

목표
학습 로드맵 및 주간 학습 플랜 수립

요청
1. 디지털 마케팅 분야 필수 역량 리스트업
2. 6개월 학습 커리큘럼 제안
3. 주간별 학습 목표 설정

"학습도 감이 아니라,
데이터와 계획으로 움직여야
빠르게 성장할 수 있다."

마무리

미래는 준비된 자에게 온다. AI와 함께 준비한 사람만이 그 기회를 잡을 수 있다.

포트폴리오를 다듬고, 이력서를 강화하고, 학습 플랜을 설계하라. AI를 레버리지 삼아 당신의 경력과 커리어를 가속하라.

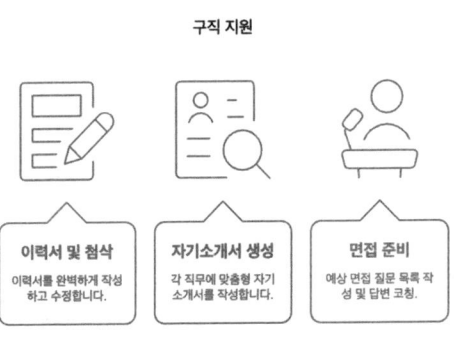

9장.
AI를 모르면 뒤처지는 시대

AI를 모르는 사람은 시장에서도, 일자리에서도 뒤처진다.

AI는 더 이상 특정 분야 전문가들만 쓰는 도구가 아니다. 모든 실무자에게 필수적인 생존 스킬이 되었다. 이제는 아는 사람이 살아남는 것이 아니라, 'AI와 함께 일할 줄 아는 사람'이 살아남는다.

마케터의 미래 경쟁력은 무엇인가

AI 시대, 마케터에게 필요한 3대 역량은 명확하다.

① AI 활용 능력: 단순히 쓰는 것을 넘어, 전략적으로 활용할 수 있는가
② 문제 정의 능력: AI에게 정확히 '무엇을 요청할지'를 명확히 설정할 수 있는가
③ 데이터 해석 능력: AI가 제공하는 결과를 분석하고 통찰로 전환할 수 있는가

이 3대 역량을 키운 사람만이, 마케팅 현장에서 살아남고 성장할 수 있다.

> ## 핵심 메모
>
> AI는 답변을 줄 수 있지만,
> 질문을 던지는 것은 인간이다.
>
> 데이터를 해석하지 못하면,
> 아무리 좋은 결과도 무용지물이다.

실전 경험과 빠른 실행이 답이다

AI에 대한 책을 10권 읽는 것보다, 하루 1개의 프롬프트를 직접 실행하는 것이 더 중요하다.

① 오늘 당장 프롬프트를 작성해보기
② 작은 프로젝트라도 AI를 연동해보기
③ 실패를 두려워하지 말고 매일 실험하기

☐ 실전 미션

오늘 안에:
1. AI에게 블로그 글 1편 초안 요청하기
2. SNS 포스팅 문구 3개 작성 요청하기
3. 고객 데이터 분석 간단 요청해보기

'빠른 실행→빠른 실패→빠른 성장' 이 사이클을 누가 먼저 돌리느냐가 승부를 가른다.

나만의 AI 사용법을 구축하라

AI 활용도 '개인화'가 필요하다. 내 업무 스타일에 맞는 사용 루틴 구축, 자주 쓰는 프롬프트 템플릿 정리, 실패 경험도 기록해 지속 개선하기

활용 프롬프트 예시

기본 구조
1. 상황(맥락) 설명
2. 목표 명확화
3. 구체적 요청 항목 3-5개
4. 스타일/톤/포맷 지정

"AI를 잘 쓰는 사람만이,
AI를 통해 빨라지고, 강해진다."

마무리

AI는 두려움의 대상이 아니다. 제대로 준비한 사람에게만 기회를 주는 존재다.

지금 이 순간, 망설임을 버리고, AI와 함께 달리는 쪽을 선택하라. 그것이, 새로운 시대를 리드하는 당신이 되는 길이다.

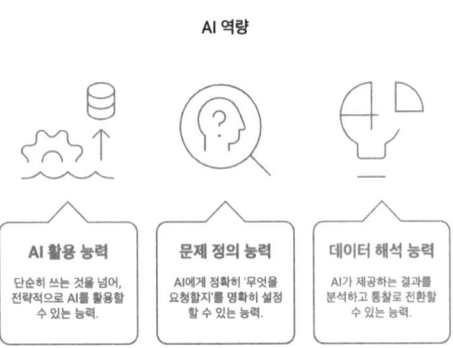

AI 도구 활용 전략

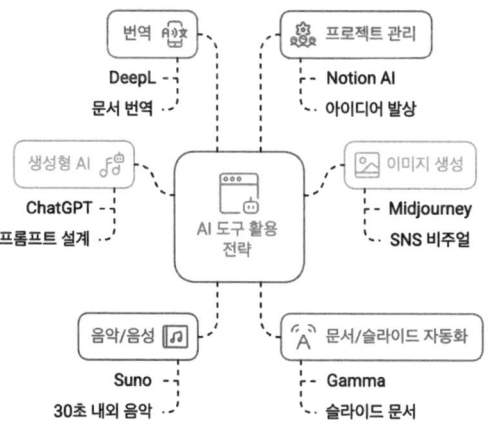

9장_AI를 모르면 뒤처지는 시대

「레버리지 연구소」 소개

레버리지 연구소는 사람과 기술의 시너지를 통해 삶의 효율을 극대화하는 AI 실전 연구소입니다.

국내외 마케팅 현장, 교육, 컨설팅, 창업 등 다양한 영역에서 활동해온 경험을 바탕으로, 누구나 AI를 '**자신만의 레버리지**'로 삼을 수 있도록 돕는 실천 중심의 전략을 제공합니다. 특히 마케터, 크리에이터, 비즈니스 실무자들이 AI를 활용해 콘텐츠 제작, 전략 수립, 자동화에 이르기까지 업무 전반을 혁신할 수 있도록 프롬프트 예제와 맞춤형 도구를 개발하고 있습니다.

"AI는 당신의 능력을 배가시키는
　동료이자 가속기다."

이런 믿음을 바탕으로, 레버리지 연구소는 더 많은 사람들이 AI 시대에 주도적으로 일하고, 배우고, 성장할 수 있도록 돕는 콘텐츠와 교육을 지속적으로 만들어 가고 있습니다.

홈페이지 안내: https://aileverage.xyz/
- 홈페이지에는 매달 새로운 프롬프트 가이드 (e북 형태)가 업로드됩니다. (다운로드 가능)
- 홈페이지를 통해 AI 관련 강의 및 컨설팅 요청을 할 수 있습니다.

"당신의 일에 AI를 더하면,
　상상 이상의 성과가 시작된다."

차후 펴낼 「AI 프롬프트 예제」 시리즈 소개

『AI 프롬프트 예제 시리즈』는 강사, 법률가, 영상 크리에이터, 정치인, 공무원 등 다양한 전문 직군이 자신의 언어로 AI를 활용할 수 있도록 돕기 위한 실전 안내서입니다.

복잡한 AI 개념 대신, 바로 써볼 수 있는 프롬프트 예제를 중심으로 구성하여 현장에서 곧바로 성과로 이어지는 'AI 실무력'을 키우는 데 집중했습니다.

강사에게는 교안 작성, 강의 콘텐츠 개발, 학습자 피드백 자동화 등 '**강의 조력자**'로서의 프롬프트를, **법률가**에게는 판례 요약, 문서 자동화, 계약 검토 보조 등 법률 실무의 보좌관으로, **영상 크리에이터에게**는 쇼츠 기획, 스크립트 작성, 영상 흐름 설계 등 1인 미디어 '**제작 파트너**'로, **정치인과 공무원**에게는 여론 분석, 정책 설계, 연설문 작성 등 '**정책형 AI 어시스턴트**'로서의 가능성을 담았습니다.

　전문성은 당신의 것이고, 속도는 AI의 것입니다. 이 시리즈는 두 세계의 만남을 통해 새로운 가능성의 문을 엽니다. 당신의 전문성과 AI의 창의력을 결합해, 지금까지 없던 '하이브리드 퍼포먼스'를 경험해 보십시오.